AF219074

Claudia Dietze

Na denne,
sagt die Henne

Vieh-losophie als Poesie

**Mit Aquarellen
von Monika Hillen**

ibliografische Information der Deutschen Nationalbibliothek:
Die Deutsche Nationalbibliothek verzeichnet diese Publikation in der
Deutschen Nationalbibliografie; detaillierte bibliografische Daten sind im
Internet über http://dnb.dnb.de abrufbar.

© 2021 Claudia Dietze
Ilustration: Monika Hillen
Layout: Uwe Wolfmüller

Herstellung und Verlag. BoD- Books on Demand, Norderstedt
ISBN: 9783755739524

Inhalt

Vorwort

Um Himmels Wirsing,
der alltägliche Irrsing schlägt aufs Gemüt.
Mein Humor hat mich verlassen,
kaum in Torte zu fassen.
Ich werde auf die Dauer
selbst schon richtig Sauer-
kraut.
Versaut
der Tag.
Als Brotbelag
Corona Dauerwurst.
Ungestillter Tatendurst.
Ein Tag wie jeder.
Ich greife zur Feder.

Plötzlich überkommt mich eine Heiterkeit,
ich mache die Mücke für den Elefanten bereit.
Trotz allem Irrsinn hier und weltweit
füllt sich der Tag mit Gelassenheit.

Um Himmels Wirsing,
der alltägliche Irrsing
ist mir jetzt Wurst
oder Schinken,
vielleicht auch Döner.
Statt in Trübsal zu versinken,
ist es viel schöner,
in Worten zu wühlen
und sich Kohl zu fühlen.
Ein bisschen Fraß muss schließlich sein.
Viel Spaß beim Lesen im Vorhinein.

American Polit-Tierade

„Biden ist the new president!
ruft der Frosch euphorisch.

„Never! Trump bleibt forever!"
protestiert die Kröte vehement.
Sie sieht es es kategorisch.
„Sein Corona-Kurs war top."

„Oh no, it was a complete flop!
Voll daneben,
kostete unzählige Menschenleben."
Der Frosch sitzt als Demokrat
seit Jahren im US-Senat.

„Bullshit, wir hatten niedrige Totenquoten,
Trump hat das Sterben gesetzlich verboten.
Only die Satans-Chinesen
hatten kein Recht zu genesen."

„Und was ist mit dem Sturm auf's Kapitol?
Komplett hohl
die Fans von diesem Spinner.
Biden is the only winner."

„That's Wahlbetrug!"

„Mir reicht's, ich hab' genug
von den Lügengeschichten,
die unseren Staat vernichten,
democrathy gefährden."
Der Frosch plustert sich auf.

Darauf
sagt die Kröte
ganz ohne Schamesröte:
„Trump will auch German Next Kanzler werden."

Aussichtslos

Einem Maulwurf stets unter Tage
wird das Leben zur Plage.
Er wühlt sich ans Licht,
nichts und niemand in Sicht.
Lockdown, ganz ohne Frage.

Im Dickicht der Dünnen

Ich habe die Dünnen dicke,
stöhnt der Alaskabär.
Wenn ich so um mich blicke,
fällt mir die Auswahl schwer.

Die Damen sind mager,
hager bis zur Untergröße,
regelrechte Formverstöße,
leidig für mein Liebes-Lager.

Spindeldürre Fahrgestelle,
Animal-Next-Topmodelle
Storchenbeine, Windhund-Wangen
töten restlos mein Mannes-Verlangen.

Vielleicht bin ich ein Pingel,
da bleib ich lieber Single.

14

Vieh-losophie auf der Weide

„Freundschaft erhebt uns über den Staub der Erde",
sagt die Kuh und kaut weiter.

„Verstehe ich nicht, du?"
fragt das klügste Schaf der Herde,
ein intellektueller Außenseiter.

Die Kuh
sagt schamhaft „Muh."

Sie hatte den Satz im philosophischen Radio gehört
und wollte damit glänzen.
Die Kühe schütteln den Kopf empört,
haben aber nichts zu ergänzen.

„Ist doch total Banane,"
mischt die Sau sich plötzlich ein.
„Freundschaft ist nicht erste Sahne,
Freundschaft ist mehr Schein als Sein."

Die Kuh senkt ihr Haupt
und geht.
Sie hatte fest geglaubt,
dass keine Sau den Satz versteht.

Alla Turca

Der Floh im Ohr eines Despoten
macht sich schnell zum Idioten.
Denn mit Verlaub
stellt der Herrscher sich taub
und duldet nur die Devoten.

Kond(ol)enz-Streifen

„Schau mal, nix los da unten in Manhattan."
ruft die Schwalbe.

„Den Lockdown kann ich nur loben.
Diese herrliche Ruhe hier oben,
nicht alle halbe
Stunde diese schrecklichen Flieger.
Wir sind die Sieger
der Luft!"

„Verpufft.
Man will die Lufthansa jetzt retten."

„Retten geht gar nich'!"
wettert der Kranich.
„Das ist nicht fair.
Ich fliege selbst zum Mittelmeer
und ohne Kerosin.
Sollen die Airlines doch pleite gehen.
Am besten auf der ganzen Welt."

16

„Na du hast Ideen!
Was hältst du von Berlin?"
fragt die Schwalbe nervös.
„Vor kurzem eröffnete Schönefeld."

„Wer?"

„Na der BER."

„Ach der.
Ich dachte, den gibt's nicht mehr.
Mysteriös!"

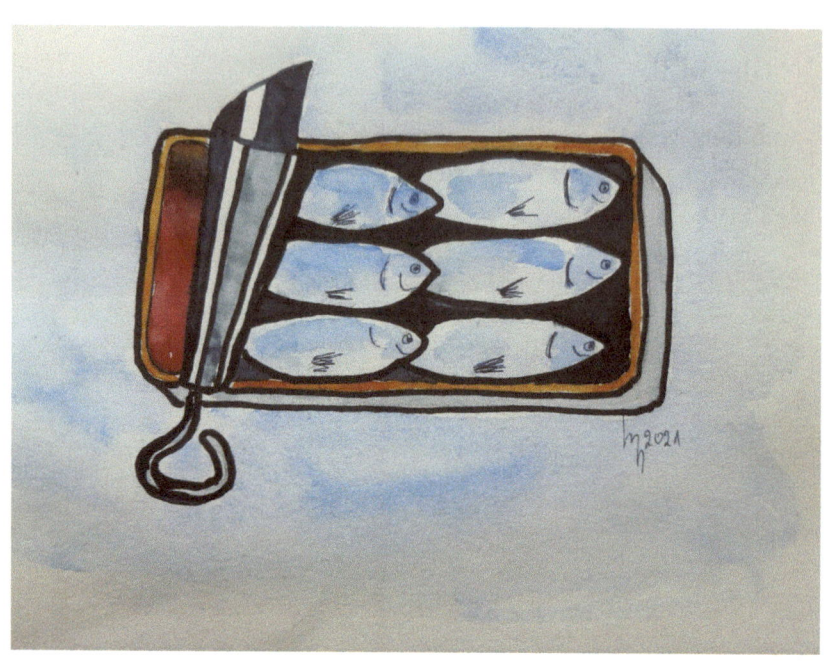

18

Ahoi!

„Die sind doch völlig jeck!
Laufen Schlittschuh auf dem Sonnendeck!"
klagt die Ölsardine
in der Schiffskantine.
„Paradise Poolparty und Gala Soirée,
Riesenrutschbahn zum Außenbuffet,
Fashion-Fun mit Shopping Ekstase.
Thai-Massage in der Wellness-Oase,
Special Shows mit Laser-Event,
Säbel- und Bauchtanz wie im Orient.
Da tobt der Bär.
Ich kann nachts kein Auge zutun."

„Ab jetzt nicht mehr,"
sagt das Suppenhuhn.
„Wir haben zwei Infizierte an Bord.
Landimport und sofort
Quarantäne!
Corona-Notfallpläne.
Die Passagiere sitzen in ihren Kabinen fest."

„Oh je, wenn das mal keine Spuren hinterlässt!
Ich will's nicht hoffen,"
sagt die Sardine betroffen.

„Tja, wie das Käfigtrauma in der Lege-Batterie,"
erinnert sich das Huhn und zuckt.
„Sorry, hab' noch nicht meine Pille geschluckt."

„Klaustrophobie?"

„Und wie!"
In der Kabine können die sich auch kaum bewegen."

„Meinst du, dass die dann Eier legen?"

All-ternativ Reisen

Der Tiger spricht zum Löwen:
„Fliegst du mit mir ins All?"

„So wie die Möwen?
Auf keinen Fall.
Wir sind wie die Bären und Affen
für's Fliegen doch gar nicht geschaffen,"
entgegnet der Löwe empört.

„Noch nichts von Virgin-Galactic* gehört?
Die bieten Weltraum-Reisen an."

„Wie, einfach so? Just for fun?"
Der Löwe schüttelt seine Mähne.
„Ich habe andere Pläne.
Ich war noch niemals in Bohai,
nicht in New York und auf Hawaii."

„Im All erlebst du Schwerelosigkeit,
kostet allerdings eine Kleinigkeit."

„Kein Kinderspiel,“
sagt der Löwe und will wissen, wie viel.

„Na ja, mehr als genug,
circa 200.000 € pro Flug.
Ach, wenn wir die nur hätten.“

„Dann könnten wir das Klima retten.“

„Dafür ist es längst zu spät.
Ich setze auf Weltraummobilität,“
erwidert der Tiger.
„Nie wieder Badeurlaub am Niger.“

Und der Löwe blicket stumm
hoch und in der Luft herum.

*Virgin Galactic ist ein US-amerikanisches Weltraumunternehmen, das 2004 von dem britischen Milliardär Richard Branson gegründet wurde. Branson möchte ins Geschäft mit dem Weltraum-Tourismus einzusteigen. Im Juni 2021 erhält Virgin Galactic die Lizenz zum Transport von Passagieren. Im Vorverkauf kostet ein Ticket 250.000 Dollar. Es gibt bereits 600 Interessenten.

22

Corona-Fraßnahmen

Zur Berliner Schlacht am heißen Buffet
gibt's Spahn-Ferkel vom Grill
zum Drossel-Gesang aus der Charité,
täglich, auch im April.
Mit Extrawürsten
der Landesfürsten.
Und für alle Fälle
die laute(r) Bach-Forelle.

Ein Pinguin serviert im Gala-Livree
die Eiswürfel zu jeder Schnaps-Idee
der gestrig braunen Banane.
Erste Sahne! ruft Alice im Weidel-Land
und reicht den Zank-Apfel ohne Mindestabstand.

Der Knödel aus Bayern
legt zu pochierten Eiern
seine Schmankerln aufs Tablett.
Viel zu fett!
kontert die Printe aus NRW,
wir wollen Rheinischen Sauerbraten.
Nicht sauer genug!
rufen die Gurken an der Spree
mit Zustimmung der grünen Tomaten.
Zu sauer! In einem Atemzug
schreien Kieler Sprotten und Scholle.
Wer hat Appetit auf Muttis Eintopfgericht?
Ich nicht!
brüllt die Harzer Rolle.

„Und schon hat man den Salat
im föderalen Blattspinat,"
sagt der Pinguin zu seinem Kollegen.

„Tja," seufzt der Kollege, Südpol-Migrant,
als Asylant noch nicht anerkannt,
„immer ist einer dagegen."

No Covid

Ein Nilpferd unter Hypnose
erlebt eine Metamorphose:
Als Casanova
wird es Zeuge Jehova.
Jetzt fehlt noch die Diagnose.

Emanzipation für Anfänger

„Was unterscheidet den Menschen vom Tier?"
fragt die Katze
und räkelt sich auf der Matratze.

„Fußball, Fernsehen und zwei Kästen Bier,"
piepst die Maus
und wagt sich aus ihrem Loch heraus.

„Was ist mit der Frau?"

„Die ist dem Manne untertan,
sagt der Kaplan.
Der weiß es genau.
Steht in der Bibel."

„Das ist ja übel.
Und jetzt?"
fragt die Katze entsetzt.

„Wir reißen die Seite einfach raus!"
flüstert die Maus und kichert.
„Die sind doch versichert.
Was sagst du zum Gendern?"

„Ich muss nichts verändern,
denn auch mein Vater,
der tiefschwarze Kater
ist eine Katze
mit schneeweißer Tatze."

„Sonnenklar. Wie wunderbar!
Sollen wir es den Menschen sagen?"

„Niemals!"die Katze reckt den Hals.
„Lass die nur jammern und klagen.
Das ist ihr persönlicher Tick,
wir genießen den Augenblick."
sagt sie und schnurrt weiter.

Das stimmt das Mäuschen heiter.

Wurmstichig

Ein *Band*-Wurm glaubt, er sei auserwählt,
weil er zu jener Gattung zählt,
die ihre Berufung bereits im Namen trägt
und deshalb eine musikalische Karriere erwägt.
Als zukünftiger Star der Schlagerwelt
träumt er von Ruhm und dem großen Geld.
Der *Band*-Wurm nennt sich und seine Rhythmus*band*
„Jupiter und die Polarsterne am Firmament".
Sein erstes Konzert in der Elbphilharmonie
trägt den Titel des Schlagers „Galaxy".

Tags drauf titelt das Hamburger Tageblatt:
„Der Sänger, der keine Stimme hat."

„Eine Gattung allein bürgt nicht für Talent,
taktlos, wenn der Sänger keine Noten kennt,"
schreibt der hanseatische Stadtanzeiger,
doch lobt er den Schluss-Song samt zweitem Geiger.

Der Schlager erobert als Ohrwurm die Welt,
wen wurmt's, dass der Sänger die Töne nicht hält.

Genauso - nur andersrum

„Wie war dein Kongress?
Viel Stress?"
fragt der Schimpanse seine Ehefrau.

„Genial!
Es waren genau 120 Ärztinnen im Saal,"
antwortet die Schimpansine
mit heiterer Miene,
erstmalig ohne Gender-Pause.

Der Gatte zieht die Stirn leicht krause.
„Sieh einer an. Nur Ärztinnen? Kein Mann?"

„Doch, aber ich benutze das generische Feminin.
Das ist übrigens kein Spleen,
nur die Konsequenz männlicher Sprachdominanz."

„Was bitte soll denn dieser Firlefanz?
Ich dachte, nur wer gendert, verändert."

„Der Genderstern ist obsolet.
Wir drehen den Spieß jetzt um
und machen die Männer unsichtbar."

„Nicht dumm.
Alles klar.
Die Sache steht,"
sagt der Schimpanse und grinst
über das ehefrauliche Hirngespinst.

„Hast du dir auch über unsere Männertracht
mal ein paar Gedanken gemacht?
Du ziehst knallbunte Kleider an.
Und … die generischen Hosen!
Und ich als Mann?
Der Depp mit den roten Rosen
muss im grauen Anzug rumlaufen,
haufenweise Krawatten kaufen.
Hab ich mich jemals beschwert?
Bei mir wird der Spieß auch umgekehrt.
Benutz' du dein generisches Feminin.
Ich werde ins Büro das kleine Rote anzieh'n.
Und du weißt, ich bin keine Transe."
Damit beendet er das Gespräch, der Schimpanse.

30

Errare animalum est - Irren ist tierisch

„Wann wird alles wieder normal,
wie vor der Pandemie?"
stöhnt das Kamel und dreht sich im Kreis.

„Vielleicht nie.
Wer weiß….
Findest du deine zwei Höcker ideal?"
fragt das Dromedar.

„Total," sagt das Kamel recht lapidar.

„Und was ist mit mir?
Ich habe nur einen."

„Also wenn du mich fragst,
besser als keinen,
aber normal ist das nicht."

„Was du nicht sagst!
Weil einer nicht deiner Norm entspricht?
Von wegen!"
Das Dromedar ist um keine Antwort verlegen.
„Ich bin genauso normal wie du,
wie der Tiger, der Bär und das Känguru."

„Wie bitte? Das Vieh mit dem Beutel vorm Bauch?"

„Ja, das auch."

„Das ist mir zu divers.
Irgendwie pervers."
sagt das Kamel pikiert.

„Fürwahr, fürwahr,"
amüsiert sich das Dromedar.
„Vielleicht noch nicht richtig austherapiert?
Aber wir wurden doch alle von Gott erschaffen,
ob mit Höcker, Beutel, Federn oder Flossen,
selbst die Menschenaffen
sind unsere Artgenossen.
Die Vielfalt der Natur ist einfach immens,
inklusive Homo Sapiens."

„Ach, der ist auch normal?"

„Na ja, schöpfungsgeschichtlich wohl zweite Wahl."

#Saintboy*

Die Stute sagte zum Hengst:
„Ich bewundere deinen Mut
und deine Entschlossenheit.
Auch mich packt beim Sprung die Wut.
Es war längst an der Zeit,
sich zu verweigern.
Vielleicht etwas schade,
ausgerechnet bei der Olympiade.
Doch was soll's?
Zeigen wir Würde und Stolz.

Wir müssen uns nicht ducken,
gehorsam alles schlucken.
Ich will mich nicht steigern.
Nur dieser Reiter
will höher, will weiter.
Ich fordere eine Lobby für Pferde,
für unsere komplette Herde.
Wir sind kein Objekt,
wir verdienen Respekt
statt Peitschenhiebe
dem Gold zuliebe.
Und große, saftige Weiden,
kein Tier soll ab jetzt mehr leiden.
Damit ist endgültig Schluss!"

Der Hengst gab ihr einen Kuss.
Heute betreiben die zwei
mit Erfolg eine Pferdekanzlei.
Sie arbeiten im Tier-Interesse
und gewinnen alle Prozesse.

*Bei den Olympischen Sommerspielen 2021 in Tokio verweigert das Pferd
Saintboy den Sprung. Die Reiterin, die im Modernen Fünfkampf bereits auf
Goldkurs liegt, peitscht in ihrer Verzweiflung auf das Tier ein und löst mit
ihrem Verhalten einen Sturm der Empörung aus.*

34

Geflügelte Worte

Eine katholische Henne sagt zum Huhn:
„Mit der Kirche habe ich nichts mehr zu tun.
Willst du wissen warum?"
Das Huhn lauscht andächtig stumm.
Mitunter zuckt es vor Entsetzen,
dann fliegen kleine Federfetzen.

„Na denne," sagt das Huhn zur Henne
und tritt ebenfalls aus.
Gebetet wird ab jetzt zu Haus.

Amore Anno 2300

Eine Giraffin ungewollt ledig
sitzt im Café Florian in Venedig.
Der Kellner, ein Affenalbino,
bringt ihr den Cappuccino.
„Hier schrieb vor 300 Jahren
Casanova seine Memoiren,"
sagt er und serviert zwei panini.

Aus der Box dröhnt Gianna Nannini:
Bello e impossibile.

„Incredibile!"
ruft die Giraffin des Italienischen mächtig
und betrachtet den Raum andächtig.

„Sì, sì und das ist der dritte Lenz
ohne den Homo Sapiens,
intelligent und gut frisiert
hat er sich selbst eliminiert.
Die Intelligenz war nur Fassade."

„Ach," seufzt sie, „um die Italiener ist's schade:
Armani, Versace, Gabbana, Gucci,
Visconti, Fellini, Pasolini, Bertolucci,
Gli Azzurri, Da Vinci, Dante, Pavarotti
Bocelli, Celentano, Conte, Ramazzotti."

„Sì, sì, Prosecco, Campari, Aperol e Martini."
Er reicht ihr die extralangen Crissini.
„Pizza, Pasta, Pecorino, Panettone,
Zuppa inglese, Cantuccini, Zabaione."

Delizioso!" ruft die Giraffenkuh.
„Ich hätte jetzt gern ein Tiramisù."

Der Kellner nickt und senkt sein Haupt.
„Noch eine Bemerkung sei mir erlaubt.
Ihr gelber Teint ist affascinante."

Die Giraffin nippt verlegen an ihrem Spumante.
Etwas verwirrt über die Farbanamnese
sagt sie: „Mein Vater war Piemontese,
er traf mia madre als Student in Venedig.
Ich selbst bin"...sie zögert..."noch ledig".

Das war der Beginn ihrer Storia d'amore,
heiße Flitterwochen am Lago Maggiore.

Eine „Gir-affengeile Liebesaffäre",
titelt der Frosch-Redakteur im *Corriere*
und vermarktet die intimsten momenti.
Complimenti! Complimenti!

Amour fou

Nun suchen alle Tiere eine Braut
und Köter Kurt macht Mimi schon Avancen.
Weil Kater Kunibert sich das nicht traut,
liest er in *Katzenklön* Kontakt-Annoncen.

Auch Maulwurf Murmel möchte eine freien,
er räkelt sich genüsslich aus dem Winterschlaf.
(Man möge ihm die Trägheit doch verzeihen.)
Und in der Ferne parshipt ungeniert ein Schaf.

Die Kuh Karola kaut gelassen Körner,
und Stute Steffi wiehert frisch vermählt.
Ihr Bräutigam trägt offensichtlich Hörner,
doch nur allein die wahre Liebe zählt.

Die Sonne lacht sich einen Ast,
weil Mücke Moni sich in einen Frosch verguckt,
der leider gar nicht zu ihr passt
und sie als Amuse-Gueule verschluckt.

Die Mauerblümchen tragen kesse Kleider
aus himmelblauer Haute Couture.
Doch wirklich ernsthaft interessiert sich leider
nur eine Nacktschnecke dafür.

Die Welt steht Kopf im Monat März,
wenn Weidenkätzchen schmusen.
Ein Wattwurm angelt sich zum Scherz
den Aal im Jadebusen.

Sophie

Die Spatzen sehen alle aus, als ob sie Mimi hießen.
Nur eine nicht, die heißt Sophie.
Sie lieben Gärten, wo die Blumen sprießen,
nur in den meinen kacken sie.
Auf Gartenstühle, Tisch und Bank,
Sonnenschirm nicht, besten Dank.
Neulich auf den Wäscheständer,
ich beschwerte mich beim Sender.
Keine Nachsicht, keine Reue,
tags drauf schissen sie auf's Neue.

Nur Sophie,
die tut das nie.
Sie hüpft stets verdauungslos
über Wiesen, über Moos,
singt vergnügt von früh bis spät.
Ich glaube, sie macht Nulldiät.

Die Spatzen könnte man mit Schrot erschießen,
auf keinen Fall jedoch Sophie.
Wenn sie die Exkremente mal beim Nachbarn hinterließen,
hätt' ich für alle Sympathie.

Die Spatzen sollten sich was schämen.
Ach wären sie nur wie Sophie!
Wenn sie sich an Sophie ein Beispiel nähmen,
doch Nulldiät ist nichts für sie.

Polit-Scrabble

Der Eisbär legt waagerecht WÄHLEN.
„Tja, fragt sich nur wen."

„Ich habe kein Q für quälen."
sagt die Robbe und legt senkrecht GESEHEN.

„Das Wahl-Triell?"
will der Eisbär wissen.
„Ich nicht, war hin- und hergerissen."
Und? Pikant gewürzt?"

„Tendenziell
Sauce Béchamel."

„Mir fehlt das S für bestürzt,"
sagt der Eisbär und legt LIBERAL.

„FDP?"

 „Nee. Falsches Personal.
Und keine Lobby für die Arktische Fauna.
Ich steh nämlich nicht auf Sauna.
Komm, spielen wir weiter."

Die Robbe nickt und legt HEITER.

„Mir fehlt ein Vokol.
Welcher wohl?"
sagt der Eisbär und schmunzelt.

Die Robbe runzelt die Stirn.
„Das A?"

„Ja!
Du Superhirn."
sagt der Eisbär und legt ÄFD.

„Herrjemine.
Was soll denn das?"
Die Robbe wird blass.

„Ich hab doch kein A.
Der Umlaut ist noch da.
Juchhe!
Jetzt heißt es ÄBC,
und ÄFD die Partei.
Aus und vorbei,
nicht weiter erzählen,
die wird keiner wählen,
wenn das so auf dem Stimmzettel steht."
Der Eisbär grinst.

„Echt abgedreht.
Ich glaub', du gewinnst.
Tolle Spielidee:
ab jetzt Scrabble Gourmet
mit Buchstaben-Transfer.
Ich leg KLIMAWINDEL,
schadet nicht so sehr."

„Wow!" ruft der Eisbär. „Super gescheit.
Und ein echter Beitrag zur Nachhaltigkeit."

44

Sondierungsgespräch

„Na, hast du auch brav gewählt?
Du weißt, dass jede Stimme zählt.“

„Na klar“, antwortet das Dromedar.
„Wer wird denn nun Kanzler: Laschet oder Scholz?“
Das Dromedar kratzt sich am Ohr.

„Natürlich Scholz, du Trampel,“
sagt das Zebra und klopft auf Holz.

„Und mit welchem Dekor?“

„Natürlich mit Ampel, du Dussel.“
Das Zebra kratzt sich am Hals.

„Oh je, ich Schussel!
Liegt doch auf der Hand.“

„Na prima! Jedenfalls
scheinst du schnell zu begreifen“,
sagt das Zebra und lächelt charmant.

„Na ja, wegen deiner Streifen.
Da liegt die Ampel doch nah.“

So ein Kamel, dieses Dromedar,
denkt das Zebra. Ob jedes andere Exemplar
auch solch groben Unsinn erzählt?
Es hatte SPD und die Linke gewählt.

Das Schweigen der Schlemmer

Ich bin so eisgekühlt erwacht
neben Rippchen, Kassler und Schnitzel.
Ich träumte kurz nach Mitternacht
vom Mastschwein-Knast in Scharmützel.

Mein Vater wie Bauschutt weg geschippt,
meine Mutter gequält und geschunden,
wie Plastikmüll in Container gekippt
mit geschwollenen Beinen und Wunden.

Mit Schinken, Eisbein und Kotelett
lieg' ich im Tiefkühlfach.
Auch Nackensteak und Schweinemett
sind schon seit Stunden wach.

Wir sind Billigprodukte fürs Barbecue
vor'm Grillen gern mariniert.
Pommes gibt es mit Majo dazu
auf dem Teller noch fotografiert.

Könnt ihr denn kein Erbarmen zeigen?
Das hält doch kein Schwein mehr aus!
Die Schlemmer rülpsen und schweigen
und genießen den Party-Schmaus.

Sie stillen Hunger und Durst.
Ich bin nur die Currywurst.

Die Rache des Hasen

„Nie wieder Diesel",
sagt der Hase.
Er hockt im Grase
vor seinem Mountainbike.

„Na prima, dein Beitrag für's Klima!
Dein Verzicht auf Benzin,"
heuchelt der Hermelin,
das große Wiesel
und grinst breit ein like.
„300 PS", ergänzt er,
lehnt sich lässig ans Fenster
seines Porsche Coupé.

„ Oh je!
Tempolimit 130!"

„Ach was, darauf scheiß' ich."
sagt das Wiesel und fährt los.

.„Na groß-
artig! Macht sich einfach vom Acker,
dieser Bleifuß-Macker,"
säuselt der Hase
und kräuselt die Nase.

Im Stau vor der Ampel
steht das Wiesel im Coupé.

„Olé!" schreit der Hase
in Ekstase.
Da strampel
ich doch locker vorbei

.

Er wirft sich mental in Schale,
tritt in die Pedale
und grüßt im Vorbeifahren mit „Hi!"

 P.S. Das Wiesel im Coupé
ist in Grimms Märchen der Igel.
Doch damals las niemand den *Spiegel*.
Und der Igel war nicht Parteichef der FDP.

Klimawandel

„Pardon,
was macht Macron?"
schreit der Adler entrüstet.
„Er baut die Kernenergie aus?"

„Bien sür!
Für die Natür,"
antwortet der Hahn.
Er brüstet
und rüstet
sich zum Selbst-Applaus:
„Vive la France!
La nouvelle Renaissance!
Unsere Chance für einen Sieg!
Für den sofortigen CO_2-Ausstieg!"

„Quelle horreur!" der Adler erinnert sich voller Entsetzen
an ein paar passende Vokabelfetzen.

„Oh non, nur ein mini-réacteur!
Tout petit!
Mit ganz wenig Üran,"
beruhigt ihn der Hahn.

„Wohl le dernier cri,
so'n Klecks Atomenergie.
Und was wird mit dem Müll?
Vielleicht etwas Tüll
fürs Tütü
der letzten Moulin-Rouge-Revue?"

„Quelle absurdité
votre idée!"
sagt der Hahn und grinst überlegen.
„Der kommt in die Lorraine, nach Bure."

„Bei uns vor die Tür?
Von wegen!
Denkt dieser Macron
nicht an die kommende génération?
Ab sofort ist die EU
für euch Franzosen tabu!"
Der Adler setzt an zum Flug.

„Et le Traité de l' Elysée*?
Unsere amitié?"

„Vorbei und passé!
Ich habe genug!
Salut! Leb Wohl!"
schreit der Adler, während er voller Elan
hoch in den Himmel schwebt.

Mon Dieu, denkt der Hahn,
wie gut, dass de Gaulle
das nicht mehr miterlebt!

*Der deutsch-französische Freundschaftsvertrag wurde am 22. Januar 1963
von Bundeskanzler Konrad Adenauer und dem französischen Staatspräsiden-
ten Charles de Gaulle im Pariser Elysée-Palast unterzeichnet.

Hochprozentige Hingabe

Ein koreanischer Kuckuck
verliebt sich auf Reisen ruckzuck.

In einen russischen Specht,
der schluckt echt nicht schlecht.

Jetzt frönen beide dem Schluck-Druck.

Das Lama-Drama

Ein peruanisches Lama
schwärmt für Barak Obama.

Es begegnet ihm nie,
versinkt in Melancholie.

RTL macht daraus ein Drama.

Adipöses Luxus-Delikatesse-Imperium

Aldi hat aufgerüstet.
Aldi macht voll auf Gourmet.
Ach, wenn ihr Aldianer nur wüsstet,
wie sehr ich auf Gourmet-Schlemmen steh'.

Zum Frühstück Kaviar-Häppchen,
und mittags das Trüffelragout,
Frauchens Leckermaul-Schnäppchen
ist das Lachscarpaccio dazu.

Wunderbar auch die Winterträume
nach der Premium Leberpâté.
Die bunten Eistannenbäume
genießt sie mit Crème brûlée.

Statt Nudeln Galletti tricolori
zum Agnello im Angebot,
Gnocchi mit Chef-Pomodori
zum dry-aged Entrecôte.

Zu den Steaks für unser Barbecue
gibt's köstliche Kräuterbutter.
Zur Happy-Hour das Doggy-Bisous
und mein Rüden-Fitness-Futter.

Dazu den Cane-Truthahn-Snack
und das Premium-Wau-Wau mit Lamm,
das Romeo-Nassfutter Multipack,
für Welpen zu 200 Gramm.

Ab heute für mich nur noch Aldi,
ich lechze nach Köstlichkeiten,
sagt Dackelhündin Vi-Waldi
zu allen Vier Jahreszeiten.

Friday for Christmas
vorweihnachtliche TV-Trilogie

I. Alle Jahre wieder
spricht bei Markus Lanz
mit zitterndem Gefieder
eine Weihnachtsgans:
„Ach bitte lasst mich leben,
verspeist ein Käsebrot!"

Ihr Wunsch geht voll daneben,
am Tag drauf ist sie tot.
Und mit ihr noch Millionen,
auch Puten sind dabei.
An Heiligabend thronen
sie auf Maronenbrei.

Die Gänse aller Nationen
beschließen zusammenzusteh'n
und für Tofu mit dicken Bohnen
fridays auf die Straße zu geh'n.

II. Kurz vor dem Weihnachtsfeste
ist zu Gast bei Günter Jauch eine grauenvoll gestresste
Tanne mit einer Stange Lauch.
„Ich brauche keine Millionen,"
sagt die Dame im Nadelkleid,
„ich bitte euch, uns zu verschonen,
wir sind das Lametta leid.

Und wollt ihr nicht verzichten,
legt euch Plastiktannen zu.
Wir wollen wie die Fichten
artgerechte Waldesruh!"

Herr Jauch fragt leicht verlegen:
„Herr Lauch, was führt Sie hierher?"

„Ich kam nur des Reimes wegen,
aber ich würde auch gern Millionär."

III. Bei RTL am Morgen
betritt zum ersten Mal
mit Seidenschal und Sorgen
ein Wetterfrosch den Saal.

Ihm platzt fast der grüne Kragen,
er wettert lauthals los:
„Wie soll man das ertragen?
Die Hitze ist viel zu groß.
Man muss das Klima schützen,
die Pole schmelzen weg,
die Robben stehen in Pfützen
und sehen statt Eis nur Dreck.
Mich dauert es zu erwähnen,
die Flüsse leiden sehr,
der Rhein weint dicke Tränen,
er hat fast kein Wasser mehr."

„Interessiert das hier irgendeinen?"
schreit im Saal ein junger Mann,
„Soll der Rhein doch kräftig weinen,
dann steigt der Pegel auch an."

Die Zuhörer grölen vor Lachen,
es rührt weder Kunz noch Hinz.
Der Frosch packt seine Sachen
und bewirbt sich als Märchenprinz.

Überschrift siehe unten

„Kieferletten gestört,"
sagt der Gorilla empört.

„Nie von gehört,"
sagt das Lama.

„Wegen Corona.
Weihnachten voll im Arsch.
Ich hau ab nach Verona."

„Kiefer? Geschmacksverlust?
Long Covid-Frust?
Auch kein Drama.
Dann gibt's Heiligabend keinen Barsch."

„Und kein neues iPhone X pro,"
sagt der Gorilla und schmollt
gewollt.

„Wieso?"

„Kieferletten gestört".
wiederholt der Gorilla,
läuft verstört durch die Villa.

„Was soll das sein?"
das Lama trinkt sein Glas Wein.

„Stand im Internet.
Dick und fett.
Bei Mozilla,"
sagt der Gorilla.

Das Lama googelt
und kugelt
sich vor Lachen.
Google kapiert
und korrigiert.
„Tja, da kann man nichts machen.
Dann gibt's Heiligabend kein Handy.
Nostalgisches Modus Vivendi.
Geschenke ade.
Leise rieselt der Schnee.
Wir singen mal wieder
Weihnachtslieder.

„Das ist echt Mord!
Und wie heißt nun das Wort?"

Lieferketten

Trompetensolo

„Bitte macht mich wieder zur Mücke
mit Lächeln und Leichtigkeit.
Das Dasein hat so manche Tücke,
doch daneben ist Beinfreiheit,"
schreibt der Elefant dem Homo Sapiens
und beendet vorerst die Korrespondenz.

Zu meiner Person

Im letzten Jahrtausend kam ich zur Welt,
als sächsisch-rheinische Gör.
Der Lehrberuf fesselt, fordert, gefällt,
auch mit Meuterei und Malheur.

Und im Ruhestand
gibt's noch so allerhand
Kostbares zu erfahren.
Im täglichen Wirrwar
unbeirrbar
Humor und Verstand bewahren.